तुम मेरी हो सकती हो

अनुपम कुमार

Copyright © Anupam Kumar
All Rights Reserved.

This book has been published with all efforts taken to make the material error-free after the consent of the author. However, the author and the publisher do not assume and hereby disclaim any liability to any party for any loss, damage, or disruption caused by errors or omissions, whether such errors or omissions result from negligence, accident, or any other cause.

While every effort has been made to avoid any mistake or omission, this publication is being sold on the condition and understanding that neither the author nor the publishers or printers would be liable in any manner to any person by reason of any mistake or omission in this publication or for any action taken or omitted to be taken or advice rendered or accepted on the basis of this work. For any defect in printing or binding the publishers will be liable only to replace the defective copy by another copy of this work then available.

ये कबीता उन लोगो पर है जो अपना प्रेमी को पाना चाहते हैं.......

क्रम-सूची

1. अध्याय 1   1

अध्याय 1

तुम मेरी हो सकती हो ;;

तुम मेरी हो सकती हो

Enter Caption

मुझे तुमसे बात करना अच्छा लगता है

क्या,

तुम भी मुझसे बात कर सकती हो ,

तो तुम मेरी हो सकती हो ,;

मुझे तुम्हें देखना बहुत प्यारा लगता है ,

क्या तुम भी मुझे प्यार से देख सकती हो,

तो तुम मेरी हो सकती हो...

अनुपम कुमार

मुझे सुबह जल्दी उठना पसंद नहीं है,

क्या तुम मुझे सुबह जल्दी उठा सकती हो ,

तो तुम मेरी हो सकती हो ..

मुझे सुबह चाय पीना बहूत पसंद है ,

क्या तुम मेरे लिए चाय बना सकती हो ,

तो तुम मेरी हो सकती हो..

मुझे सुबह पूजा करना बहुत पसंद है ,

क्या तुम मेरा साथ दे सकती हो,

तो तुम मेरी हो सकती हो..

मेरे ऑफिस जाने से पहले,

मुझे नाश्ता दे सकती हो ,

तो तुम मेरी हो सकती हो..

मेरे ऑफिस के लिए ,

मुझे टिफिन बना कर दे सकती हो ,

तो तुम मेरी हो सकती हो ..

अनुपम कुमार

मैं ऑफिस आने से पहले ,

तुम्हारे माथे को चूमना चाहता हूं ,

क्या तुम ऐसा करने दे सकती हो ,

तो तुम मेरी हो सकती हो..

मुझे बार बार कॉल करके ,

परेशान कर सकती हो ,

तो तुम मेरी हो सकती हो ..

बार-बार कॉल करके टिफिन खा लो ,

ऐसा तुम कह सकती हो

तो तुम मेरी हो सकती हो ...

ऑफिस के आने के बाद मुझे ,

एक गिलास पानी पिला सकती हो ,

तो तुम मेरी हो सकती हो...

मैं कभी कबार रूठ भी जाता हूं ,

क्या तुम मुझे मना सकती हो,

तो तुम मेरी हो सकती हो...

जब भी मैं गलती करूं,

क्या तुम मुझे समझा सकती हो,

तो तुम मेरी हो सकती हो...

पूरा दिन कंधे पर सर रखकर,

तुम मुझसे बात कर सकती हो ,

तो तुम मेरी हो सकती हो...

क्या मैं भी तुम्हारे कंधे पर ,,

तुम मेरी हो सकती हो

सर रखकर बातें कर सकता हूं,,

तो तुम मेरी हो सकती हो..

मैं तुम्हें इंसानों की भीड़ से,,

गांव घुमाने लेकर जाना चाहता हूं ,

क्या तुम मेरे साथ चलोगी ,

तो तुम मेरी हो सकती हो...

उस गांव में मेरे साथ,

गौ माता की सेवा कर सकती हो ,

अनुपम कुमार

तो तुम मेरी हो सकती हो ...

उस गांव में मेरे साथ,

कुछ पेड़ लगा सकती हो,

तो तुम मेरी हो सकती हो...

मेरे साथ गांव की खेत में ,

हाथ बटा सकती हो ,

तो तुम मेरी हो सकती हो..

तुम मेरी हो सकती हो

मेरे साथ सरसों के खेत में ,

फोटो खिंचवा सकती हो ..

तो तुम मेरी हो सकती हो...

जैसे सब अपने उन को बुलाते हैं ,

क्या तुम भी मुझे उस तरह बुला सकती हो ,

तो तुम मेरी हो सकती हो..

मेरा गांव तुम्हें कैसा लगा,

अनुपम कुमार

यह तुम बता सकती हो ,

तो तुम मेरी हो सकती हो...

मेरे लिए नाश्ता खेत पर ला सकती,

हो तो तुम मेरी हो सकती हो..

मेरे साथ इन फसलों को पानी दे सकती हो,

तो तुम मेरी हो सकती हो...

मेरे साथ मेरे इन फसलों की,

देखभाल कर सकती हो,

तो तुम मेरी हो सकती हो..

मेरे लिए तुम मकई की रोटी,

और

सरसों का साग बना सकती हो,

तो तुम मेरी हो सकती हो ...

मेरी खामोशी को समझ कर ,

अनुपम कुमार

तुम मेरा सहारा बन सकती हो,

तो तुम मेरी हो सकती हो ..

क्या तुम मेरे लिए गांव में,

साड़ी पहन सकती हो,

तो तुम मेरी हो सकती हो...

मेरे साथ मेरा पूरा गांव,

तुम घूम सकती हो,

तो तुम मेरी हो सकती हो ...

मैं तुम्हें गांव का बना दाल चावल,

रोटी सब्जी खिला सकता हूं,

क्या तुम खा सकती हो ,

तो तुम मेरी हो सकती हो....

मेरे गांव में बिजली नहीं है,

क्या तुम इसे इग्नोर कर सकती हो ,,

तो तुम मेरे हो सकती हो...

अनुपम कुमार

मेरे साथ इन गेहूं की फसलों को,,

काट सकती हो ,

तो तुम मेरी हो सकती हो...

मैं तुम्हें लाल साड़ी में देखना चाहता हूं ,

क्या तुम मेरे लिए लाल साड़ी पहन सकती हो,

तो तुम मेरी हो सकती हो....

मैं तुम्हें अपने ट्रैक्टर पर बिठाकर,,

तुम मेरी हो सकती हो

पूरा गांव घुमाऊंगा ,,

क्या तुम बैठकर पूरा गांव घूम सकती हो,,,

तो तुम मेरी हो सकती हो ...

मेरी मां को तुम अपनी ,

मां मान सकती हो ,,

तो तुम मेरी हो सकती हो ...

मैं तुम्हें गांव के सारे त्यौहार दिखाना चाहता हूं,

क्या तुम उसे देख सकती हो ,,

अनुपम कुमार

तो तुम मेरी हो सकती हो ...

मैं तुम्हें गांव की सारी रीति रिवाज,

दिखाना चाहता हूं,

क्या तुम उसे सीखना चाहती हो,,

तो तुम मेरी हो सकती हो ...

अब रात हो गई........

तुम मेरी हो सकती हो

मैं तुम्हें चांद मानूं तो,,

तुम मुझे प्यार से देख सकती हो ,,

तो तुम मेरी हो सकती हो...

मैं चांद को देखकर तुम्हारे लिए,,

कुछ कहूं तो तुम क्या इसे कबूल कर सकती हो ,

तो तुम मेरे हो सकती हो ...

तुम मेरे साथ छत पर सो सकती हो ,

अनुपम कुमार

तो तुम मेरी हो सकती हो ,

मुझे अकेले सोने की आदत नहीं है ,

तुम मेरा सहारा दे सकती हो,

तो तुम मेरी हो सकती हो....

यह राहे और आसमान जहां मिल जाए,

वहां तक मेरा साथ दे सकती हो,

तो तुम मेरी हो सकती हो ...

तुम मेरी हो सकती हो

मुझे सुबह देर से उठने की आदत है ,,

तुम मुझे सुबह जल्दी उठा सकती हो ,,

तो तुम मेरी हो सकती हो ..

तुम मेरे घर की लक्ष्मी हो ,,

तुम मेरे साथ पूजा कर सकती हो ,,

तो तुम मेरी हो सकती हो...

पूजा के बाद में और तुम ,

साथ में खाना बना सकती हैं,,

ऐसा तुम कर सकती हो,

तो तुम मेरी हो सकती हो...

तुम्हारे सजने के बाद क्या ,

मैं तुम्हारे माथे पर बिंदिया,

तुम्हारे माथे को चूम सकता हूं ,

क्या तुम ऐसा करने दे सकती हो,

तो तुम मेरी हो सकती हो....

तुम मेरी हो सकती हो

अगर मैं दुनिया से हार जाऊं ,

टूट जाऊं तो ,

तुम अपनी बाहों में जगह दे सकती हो,

तो तुम मेरी हो सकती हो...

मुझे दुनिया से कोई मतलब नहीं है,,

क्या तुम मुझसे मतलब रख सकती हो ,,

तो तुम मेरी हो सकती हो ...

अनुपम कुमार

क्या तुम्हें मैं अपनी पूरी दुनिया कह सकता हूं,

तो तुम मेरी हो सकती हो...

जब मैं तुमसे एक बात कहूं,

तो,

तुम मुझसे क्या दो बात पूछ सकती हो,

तो तुम मेरी हो सकती हो....

मेरे साथ साथ मेरे घर वालों ,

की भी इज्जत कर सकती हो,

तुम मेरी हो सकती हो

तो तुम मेरी हो सकती हो...

तुम मुझसे फोन पर घंटो बातें,'

कर सकती हो तो ,

तुम मेरी हो सकती हो...

लंबी लंबी बातें फेंकने से बेहतर है,

तुम मेरा साथ दूर तक दे सकती हो,

तो तुम मेरी हो सकती हो...

अनुपम कुमार

घंटों कॉल पर बात करके,

तुम्हें पकाना नहीं चाहते,

बस जब भी तुम बात करो,

मुझसे प्यार से बात कर सकती हो,,

तो तुम मेरी हो सकती हो...

मुझे गाना सुनना बहुत पसंद है ,

क्या तुम ईरफ़ोन का एक छोर,

तुम मेरी हो सकती हो

अपने कानों में लगा सकती हो,

तो तुम मेरी हो सकती हो ....

सब वैलेंटाइन डे पर होटल को जाते हैं,

क्या तुम मेरे साथ ,

" केदारनाथ " चल सकती हो ,

तो तुम मेरी हो सकती हो...

" केदारनाथ " में तुम पूजा करने के बाद ,

अनुपम कुमार

मेरे माथे पर टीका लगा सकती हो ,

तो तुम मेरी हो सकती हो...

मैं भगवान से तुम्हें मांग सकता हूं,

क्या तुम मेरा साथ दे सकती हो,

तो तुम मेरी हो सकती हो...

पूजा के समय क्या तुम,

अपने दुपट्टे को अपने सर पर ले सकती हो,

तो तुम मेरी हो सकती हो....

मैं तुम्हें पूरा केदारनाथ घुमाऊंगा,

क्या तुम मेरा हाथ पकड़ कर घूम सकती हो,

तो तुम मेरी हो सकती हो.....

फिर हम वापस आ गए ....;;

मुझे रोटी बनाना आता है,

अनुपम कुमार

क्या तुम सब्जी बना सकती हो,,

तो तुम मेरी हो सकती हो...

मैं खाना खाने के बाद बर्तन धो दूंगा,

लेकिन क्या तुम मेरे पास बैठ सकती हो,

तो तुम मेरी हो सकती हो ...

मैं पूरा घर साफ कर दूंगा ,

क्या तुम मुझसे बातें कर सकती हो ,

तुम मेरी हो सकती हो

तो तुम मेरी हो सकती हो ...

मैं तुम्हें हमेशा हंसता देखना चाहता हूं,

क्या तुम अपने आंसुओं को छुपा सकती हो ,,

तो तुम मेरी हो सकती हो..

जब भी तुम्हारे आंखों में आंसू आए ,

तो तुम उस आंसू का कारण बता सकती हो,

तो तुम मेरी हो सकती हो..

अनुपम कुमार

अगर मेरी वजह से तुम्हारी आंखों में आंसू आए,

तो मैं कभी भी अपने आप को माफ नहीं कर पाऊंगा ,

तो मैं जहां गलत रहूं,

क्या तुम मुझे समझा सकती हो,

तो तुम मेरी हो सकती हो...

जब मैं और तुम बाजार जाएं ,

तो तुम क्या मोटरसाइकिल पर,

अपने दोनों पैरों को एक तरफ ,

तुम मेरी हो सकती हो

करके बैठ सकती हो ,

तो तुम मेरी हो सकती हो...

जाते-जाते मेरे कंधे पर हाथ रखकर ,,

मेरा कंधे को पकड़ सकती हो ,

तो तुम मेरी हो सकती हो...

मुझे सब्जी खरीदना नहीं आता,

क्या तुम मुझे सिखा सकती हो,,

अनुपम कुमार

तो तुम मेरी हो सकती हो...

मैं अपने पेट को कभी बाहर आने नहीं दूंगा,

क्या तुम मुझे बिना तेल वाला ,

खाना खिला सकती हो ,

तो तुम मेरी हो सकती हो...

मुझे गाजर का हलवा बहुत पसंद है,

क्या तुम मेरे लिए बना सकती हो ,

तो तुम मेरी हो सकती हो..

मेरे पास तुम अपने ,

बालों को खोल कर बैठ सकती हो ,

तो तुम मेरी हो सकती हो...

मैं तुम्हारे खुले बालों को बाँध सकता हूं,

क्या तुम मुझे प्यार से देख सकती हो,

तो तुम मेरी हो सकती हो...

अनुपम कुमार

वैसे तो तुम कोई सी भी,

साड़ी में खूबसूरत लगती हो ,

लेकिन क्या तुम मेरे लिए ,

नीले रंग की साड़ी पहन सकती हो ,

तो तुम मेरी हो सकती हो ..

क्या तुम अपने बालों को ,

खुला रख सकती हो और,

मुझे देख सकती हो ,

तुम मेरी हो सकती हो

तो तुम मेरी हो सकती हो ...

क्या तुम अपने नीले सारी में ,

मुझे मेरे माथे को चूम सकती हो,

तो तुम मेरी हो सकती हो..

मैं तुमसे प्यार करता हूं,

क्या तुम यह बात अपने ,

दोस्तों को बता सकती हो,

तो तुम मेरी हो सकती हो...

अनुपम कुमार

मैं तुम्हें बहुत चाहता हूं ,

क्या तुम यह बात अपने ,

घर वालों को बता सकती हो,

तो तुम मेरी हो सकती हो..

तुम मुझसे कितना प्यार करती हो ,

यह तुम मुझे बता सकती हो,

तो तुम मेरी हो सकती हो...

तुम मेरी हो सकती हो

मेरे दोस्तों की तुम भाभी बन सकती हो ,

तो तुम मेरी हो सकती हो...

मेरे मां की बहू बन सकती हो ,

तो तुम मेरी हो सकती हो...

जब तुम्हें गुस्सा आए तो,

तुम मुझ पर चिल्ला सकती हो ,

तो तुम मेरी हो सकती हो ...

अनुपम कुमार

जब मैं गलती करूं तो तुम,

मुझे समझा सकती हो ,

तो तुम मेरी हो सकती हो..

मुझे कविता लिखना बहुत पसंद है ,

क्या तुम मेरे सामने बैठ सकती हो,

तो तुम मेरी हो सकती हो...

मुझे पता नहीं कब तुमसे दोस्ती,

तुम मेरी हो सकती हो

और कब तुमसे इश्क हो गया,

लेकिन जो भी हुआ मुझे लगता है,

अच्छा हुआ ,

लेकिन तुम मेरा साथ दे सकती ,

तो तुम मेरी हो सकती हो...

मेरी इन भावनाओं को समझ सकती हो ,

मैं तुमसे कभी यह बात कह नहीं पाऊंगा,

यह बात तुम्हें पता है लेकिन तुम इन बातों को बिना कहे ,

समझ सकती हो

अनुपम कुमार

तो तुम मेरी हो सकती हो......

जब तुम मेरा होने के लिए इतना कुछ कर सकती हो
तो मैं भी तुम्हारे लिए इससे कहीं ज्यादा कर सकता हूं ,

तो तुम मेरी हो सकती हो...

तो मैं भी तुम्हारा हो सकता हूं...

बोलो ना नि-शु क्या तुम मेरी हो सकती ....

धन्यवाद...........

तुम मेरी हो सकती हो

अनुपम कुमार

Enter Caption

अनुपम कुमार

आप सब का धनवाद, की आप सब ने मेरी है कबिता को पढ़ा..........

www.ingramcontent.com/pod-product-compliance
Lightning Source LLC
LaVergne TN
LVHW041557070526
838199LV00046B/2014